T0365875

L'Histoire de

NOTRE-DAME
DE
GUADALUPE

Impératrice des Amériques

Par

C. Lourdes Walsh

Reproduction des peintures de
Jorge Sánchez-Hernández

Jorge Sánchez-Hernández retient les droits exclusifs
en tant que créateur des peintures; la reproduction ou la copie des
images ici présentes sont interdites sans son autorisation explicite.

Conception par Daniel J. et Loretta N. Johnson
Publié sous la direction de Daniel J. Johnson et Susan S. Carlo
Postface par Felipe Pietrini-León
Traduit de l'anglais par Pierre Ducloux
Edition française revue et corrigée par Thomas M. Sagar,
Suzanne Mercier et Dianne Richard

Aucune partie de ce livre ne peut être
téléchargée à l'internet

Commander ce livre en ligne à www.trafford.com
Ou par courriel à orders@trafford.com

La plupart de nos titres sont aussi disponibles dans les librairies en ligne majeures.

C. Lourdes Walsh: 1948-
Jorge Sánchez-Hernández: 1926-
Daniel J. Johnson: 1963-

ISBN: 978-1-4120-9171-8

Notre mission est de fournir le service d'édition le plus complet et de permettre à nos auteurs d'avoir du succès.
Pour découvrir comment publier votre livre à votre façon, veillez visiter notre site web à www.trafford.com

Tout personnes représenté dans images stockées fournies par Getty Images sont des modèles, et ces images sont utilisées aux fins d'illustration seulement.

Certaines images stockées © Getty Images

Trafford rev. 8/26/2020

Trafford
PUBLISHING® www.trafford.com
Amérique du Nord & international
sans frais: 1 844 688 6899 (États-Unis et Canada)
téléphone: 250 383 6864 • télécopieur: 812 355 4082

Notre Saint Père, le Pape Jean-Paul II, a inspiré ce livre lorsqu'il est venu à Mexico le 22 janvier 1999. Ce jour-là, il a déclaré que le 12 décembre serait désormais la fête solennelle de Notre-Dame de Guadalupe à travers toutes les Amériques.

J'ai commencé à écrire cette histoire le 31 janvier 1999, le jour de la fête de St. Jean Bosco qui s'est dévoué aux enfants italiens du 19e siècle en leur manifestant un amour paternel.

Les merveilleuses peintures de l'apparition, créées par Jorge Sánchez-Hernández, m'ont incité à raconter cette histoire. Je lui manifeste mon appréciation sincère pour m'avoir permis de reproduire ses peintures ici. Je manifeste la même appréciation à sa fille, Susana Sánchez de Pietrini, pour m'avoir autorisée à utiliser ses photographies.

Des remerciements spéciaux à Linda DuPlantis pour m'avoir fait connaître les peintures de Sánchez, à Felipe Pietrini-León pour sa contribution détaillée de l'histoire mexicaine et pour son travail éditorial sur la version en espagnol et à Mary Martha Solomon pour ses découvertes inestimables à Guadalupe, en Espagne.

Un merci spécial à Roberto Trawitz et à son personnel du restaurant Las Bodegas Del Molino, Puebla, Mexique, pour leur aimable assistance à nous montrer les peintures à l'huile originale de maître Jorge Sánchez-Hernández de « Nican Mopohua » qui font partie de sa collection privée.

Quimotatemoquili in Iuan Diego quimothui cuix nelhuli, cuix nomicehual inienicpacqui? ado cannicitemiqui? ado cannicochtlehua, canin venicha? Camin nenhotta, cuix yenican in inqui-

Se paró Juan Diego a ver y dijo para si: ¿Por ventura soy digno de lo que oigo? ¿Quizás sueño? Me le-

Juan Diego naquit en 1474 dans un village de campagne, situé près de la Ville de Mexico. Dans la langue aztèque de náhuatl que parlait Juan Diego et les gens de son peuple, le nom de son village, Cuauhtitlán, signifie « La place des aigles. » Son propre nom, Cuauhtlatoatzin, signifie « celui qui parle comme un aigle. »

Cuauhtlatoatzin était une personne digne et un membre doué du peuple des Chichimeca. Il vécut à l'époque marquant l'invasion de la Ville de Mexico par les Espagnols. Le chef espagnol, Hernando Cortéz, avec l'aide des indiens Tlaxacaltecs, vainquit l'Empereur Cuauhtémoc en 1521. Le Roi Charles Quint d'Espagne régna alors sur la Ville de Mexico.

Quelques frères franciscains arrivèrent avec les soldats espagnols, espérant convertir les Aztèques à la Chrétienté. Suite à la cruauté des soldats envers les Aztèques, ceux-ci eurent beaucoup de mal à croire en l'amour de Dieu.

Cuauhtlatoatzin fut l'un des rares autochtones à se convertir à la foi chrétienne. Sa femme et lui furent baptisés en l'an 1527, adoptant alors leurs nouveaux noms chrétiens, Juan Diego et Maria Lucia. Maria Lucia mourut en 1529.

Notre histoire commence par un matin froid d'hiver, dix ans après la conquête de la Ville de Mexico. C'était le samedi 9 décembre 1531. Partant avant l'aube, Juan Diego se rendit à pied à la ville. Il allait assister à la messe et recevoir son cours de catéchisme.

Alors qu'il passait devant la colline de Tepeyac, Juan Diego entendit une musique céleste. C'était comme si de nombreux oiseaux rares étaient en train de chanter et que la colline répondait à leur chanson.

Juan Diego pensa tout d'abord qu'il devait rêver. Après tout, c'était encore si tôt le matin. Il scruta le sommet de la colline de Tepeyac, d'où semblait venir cette musique céleste.

Lorsque la chanson se termina et que tout était calme, il aperçut une très belle dame entourée d'une lumière éblouissante. Elle portait une robe rose avec une ceinture noire autour de la taille, et une mante bleue couvrait sa tête. Sa mante était ornée d'étoiles d'or.

Puis cette Belle Dame s'adressa à lui, « Mon cher Juan, mon très cher Juan Diego! »

uan Diego, répondant à son appel, se dirigea sans crainte vers elle. Aucun effroi ne serrait son cœur, qui était rempli de joie. Il grimpa rapidement la colline, ayant hâte de s'approcher de cette Mystérieuse Dame. Elle était éclatante comme le soleil et lui souriait gentiment.

L'air tout autour d'elle semblait vibrer d'une lumière mystérieuse. Les couleurs des rochers, des plantes et de la terre étaient pures et limpides. Ces couleurs resplendissaient à la manière d'un arc-en-ciel.

Juan Diego fut émerveillé par la beauté exquise de la Dame. Se courbant devant elle, il sentit un noble amour envahir son cœur. Elle lui demanda, « Mon très cher enfant, où vas-tu? »

Il répondit, « Ma Dame, je me rends à la ville de Mexico pour y apprendre des prêtres les divines leçons de Notre Seigneur. »

La Dame révéla alors sa véritable identité.

« Sache bien, et sois assuré dans ton cœur, mon précieux fils, que je suis la Sainte Vierge Marie, Mère du Vrai Dieu, Créateur du Ciel et de la Terre.

Je souhaite ardemment qu'un ermitage soit construit ici en mon nom. Dans cet ermitage, je révélerai et donnerai à mon peuple tout mon amour, toute ma compassion, je l'aiderai et je le protégerai.

Je suis votre Mère de Miséricorde et la Mère de toutes les nations sur cette terre. Je suis la Mère de tous ceux qui m'aiment, qui me supplient par leurs lamentations et qui me donnent toute leur confiance. J'entendrai leurs cris, je les soignerai et les guérirai de toutes leurs misères, de tous leurs malheurs et de toutes leurs tristesses.

Va voir l'évêque du Mexique et dis-lui que je désire qu'il me construise ici même une maison – un temple sur cette plaine. Raconte-lui soigneusement tout ce que tu as vu, entendu et admiré. Sois complètement certain que, pour te remercier pour ton trouble, je te récompenserai bien en retour. »

Juan Diego, sentant son cœur se gonfler d'amour pour sa parfaite et majestueuse beauté répondit, « Oui, ma très chère Reine, je vais aller voir l'évêque et lui faire part de votre requête. »

Noxocoyouh
xpac in tepe.
tli, auh in can
tinech ittac jtu
ommimizniano
ti oncan tiquit
onoc nepan xoc
xicteroqui,xich
caxocçantiali, n
xj hualtemohe
nican nixpan
hualhuica.

Sube hijo m
el mas peq̃u
a la cumbre
cerrillo: alli e
de me viste x
ai ordenes
taras que ho
diferentes
res; cortalas
talas, recog
en seguida
ja y traela
ni presen

INI TLACÓMAHUIZ NANZIN IN IO TEMA-
QUIXTICATZIN TO TECUIYOLEFU CRIPLO.

EN TODO SE DESCUBRÍA SER EUA LA

Juan Diego se dépêcha vers la ville de Mexico. À mesure qu'il se rapprochait du palais de l'évêque, il sentit le découragement s'installer dans son cœur. « Pourquoi l'évêque croirait-il que moi, Juan Diego, j'aurais vu la Mère de Dieu? »

Lorsque Juan Diego arriva, il frappa timidement à la porte de l'évêque. Un des serviteurs répondit, mais ne voulut pas le laisser entrer. Il attendit patiemment pendant presque toute la journée, effrayé, se sentant sans valeur et sans importance.

Enfin, tard dans l'après-midi, Juan Diego fut appelé pour rencontrer l'évêque. S'agenouillant devant l'évêque, qui était assis sur sa chaise, Juan Diego commença à lui raconter tout ce qu'il avait vu et entendu ce matin-là lors de sa rencontre avec la Belle Dame.

L'évêque Zumárraga, avec l'aide d'un interprète, écouta attentivement Juan Diego. Puis il lui dit, « Mon fils, il te faudra revenir plus tard. Je dois d'abord réfléchir à ce que tu m'as raconté. »

Se sentant triste et malentendu, Juan Diego quitta l'évêque. Il se mit en marche pour rentrer chez lui.

Arrivant au bas de la colline de Tepeyac, Juan Diego leva la tête et n'en crut pas ses yeux. Là, l'attendant, se tenait la belle Vierge, Mère de Dieu. Alors qu'elle s'approchait, Juan Diego remarqua que ses pieds ne touchaient pas le sol rocailleux. Elle flottait légèrement au-dessus du sol.

La voyant, son cœur et son âme furent inondés de joie. La dignité royale de Notre-Dame lui rappelait une princesse aztèque.

« Mon cher fils, qu'a dit l'évêque? » demanda Notre-Dame.

« Ma chère Mère, » répondit Juan Diego en perdant son souffle, « je ne suis pas fait pour la tâche que vous m'avez donnée. L'évêque n'a pas voulu me croire. Personne ne va croire ce que dit un paysan indien. Qui oserait penser que moi, je suis l'émissaire de la Reine des Cieux? Je suis trop pauvre, trop faible, et trop petit. Vous devriez envoyer un ange ou un prince, n'importe qui, sauf moi, Juan Diego. »

« Écoute moi, mon très cher fils, » répondit tendrement Notre-Dame, « Il y en a plusieurs que je pourrais envoyer. Les grands de ce Monde et les bénis des Cieux m'obéissent instantanément. Mais je fais appel à toi, le plus petit mais le plus cher, pour porter mon message à l'évêque. Il est absolument nécessaire que tu ailles en personne. Grace à toi, mon désir sera donc réalisé. »

« Retourne voir l'évêque demain, » continua Notre-Dame. « Parle-lui en mon nom et fais-lui comprendre que c'est mon souhait, qu'une église en mon honneur doit être construite ici, sur cette colline. Répète-lui que c'est moi, la Mère de Dieu, qui t'envoie. Lorsque tu auras fait ceci, reviens ici et donne-moi sa réponse. »

« Sainte Mère, je ne veux pas vous faire de peine. C'est de bon cœur que je retournerai voir l'évêque de votre part, » répondit Juan Diego, retrouvant son enthousiasme. « Je reviendrai ici demain au coucher du soleil pour vous faire part de sa réponse. »

ôt le matin du dimanche 10 décembre 1531, Juan Diego entra dans la ville pour assister à la messe et suivre un cours de catéchisme. Suite à cela, d'un pas résolu, il alla voir l'évêque.

Tout comme la journée précédente, les serviteurs traitèrent Juan Diego avec rudesse, n'annonçant même pas sa présence à l'évêque. On le fit entrer, grâce à la patience et la persévérance de Juan Diego.

Lorsque l'évêque Zumárraga sut finalement que Juan Diego l'attendait dehors, il le fit appeler. En entrant dans le parloir de l'évêque, Juan Diego s'agenouilla à ses pieds et en l'implorant, lui dit, « Notre-Dame m'est de nouveau apparue hier soir. Elle demande que vous construisiez une église en son honneur sur la colline de Tepeyac. Vous devez me croire, c'est véritablement la Mère de Dieu qui m'envoie. »

L'évêque Zumárraga resta silencieux, réfléchissant. A l'aide de son interprète, il finit par dire, « Explique à la Dame que l'évêque du Mexique demande un signe démontrant qu'elle est véritablement la Mère de Dieu. Dis-lui que je dois avoir cette preuve avant de répondre à sa demande. »

En traînant les pieds, découragé et triste, Juan Diego rentra chez lui. Sa sincérité et sa persévérance avaient toutefois impressionné l'évêque. Aussi l'évêque décida-t-il de faire suivre Juan Diego pour voir où il allait.

Les aides de l'évêque perdirent Juan Diego de vue lorsqu'il atteignit le sommet de la colline de Tepeyac. La luminosité de la présence de Notre-Dame l'enveloppa complètement, le cachant à leurs regards.

Prostré à ses pieds, Juan Diego dit plein d'angoisse, « J'ai fait part de votre demande à l'évêque et il m'a écouté. Ne soyez pas en colère contre moi, l'évêque ne m'a point cru. Il dit que vous devez lui donner un signe prouvant que vous êtes véritablement la Mère de Dieu. »

« Mon cher et fidèle Juan Diego, ton cœur est bon, » lui dit gentiment Notre-Dame. « Retourne demain; je vais te donner un signe à l'intention de l'évêque et il te croira. » Elle sourit avec encore plus d'éclat et ajouta, « En retour, je te paierai magnifiquement pour tous les ennuis que tu as dû subir en mon compte. »

« Ma Dame, je ferai ce que vous souhaitez, » répondit Juan Diego. « Je reviendrai demain matin avant l'aube. »

Cette nuit-là, lorsque Juan Diego arriva chez lui, il trouva son oncle Juan Bernardino très malade. Toute la nuit, ainsi que le lendemain, Juan Diego prit soin de son pauvre oncle malade.

Le lendemain matin, le 11 décembre, alors qu'il regardait le soleil se lever, Juan Diego fut très triste d'avoir manqué à sa promesse de revenir voir Notre-Dame. Elle comprendra et l'excusera sûrement de n'être pas allé la rencontrer comme promis.

L'oncle Juan Bernardino pensait que sa mort était arrivée. « Mon neveu, » dit-il, « demain, ce sera seulement mardi. Je sens que je vais bientôt mourir. Retourne en ville et amène-moi le prêtre, je t'en prie. »

Juan Diego pria de tout son cœur que son oncle ne meure pas avant l'arrivée du prêtre.

« Mon cher oncle, » répondit tendrement Juan Diego. « Demain matin, je partirai très tôt et je ramènerai le prêtre aussi vite que possible. Maintenant, essaie de te reposer. »

C'était le matin du 12 décembre 1531. Avant l'aube, Juan Diego partit à la hâte pour la ville chercher le prêtre et le faire venir au chevet de son oncle mourant.

Ayant peur de rencontrer Notre-Dame sur son chemin et d'être retardé, Juan Diego décida de prendre une autre route pour se rendre à la ville. Notre-Dame le surprit et descendit de la colline sur son autre versant. S'approchant de lui, elle lui demanda avec douceur, « Que se passe-t-il, mon très cher fils? Où vas-tu? »

« Bonjour, ma Dame. Comment allez-vous aujourd'hui? Avez-vous bien dormi la nuit dernière? » lui répondit-il, tout penaud, en soulevant son chapeau par politesse.

« Essaies-tu de m'éviter, mon petit enfant? » demanda Notre-Dame avec affection.

« Pardonnez-moi, Noble Dame, mon oncle se meurt. Je suis en route pour trouver le prêtre. Je reviendrai ensuite vous voir; je vous le promets, » supplia Juan Diego.

"¿NO ESTOY YO AQUÍ, QUE SOY TU MADRE?
¿NO ESTÁS BAJO MI SOMBRA? ¿NO SOY YO TU
SALUD? ¿NO ESTÁS POR VENTURA EN MI
REGAZO? ¿QUÉ MÁS HAS MENESTER?
NO TE APENE NI TE INQUIETE O-
TRA COSA; NO TE AFLIJA LA ENFER-
MEDAD DE TU TÍO, QUE NO MORI-
RÁ AHORA DE ELLA; ESTÁ SEGU-
RO QUE YA SANÓ. Y ENTONCES
SANÓ SU TÍO, SEGÚN DES-
PUÉS SE SUPO.

Sta Mª de Guadalupe.
Auh mahuel yuh quimotocayotilis, mahuel yuh
motocayotiznoz izcenquizca ichpochtzintli Sta Mª
de Guadalupe in tlacōixiptlatzin.

« Ne te laisse pas troubler, mon cher enfant. N'aie aucun souci, ne sois pas chagriné; ne crains pas la maladie, la douleur ou toute autre affliction. Ne suis-je pas ici? Ne suis-je pas ta Mère? N'es-tu pas sous l'ombre de ma protection? Ne suis-je pas ta vie et ta santé? N'es-tu pas abrité dans les replis de ma mante? Dans le creux de mes bras croisés? Y a-t-il d'autre chose dont tu auras besoin?

« Ne te fais aucun souci pour ton oncle, » affirma Notre-Dame tout en posant son tendre regard sur Juan Diego. « Ne te fais plus de soucis, car il est maintenant bien vivant et en bonne santé. Tu n'as plus besoin d'aller chercher le prêtre. »

« Oh, ma très Belle Dame et Mère, » chuchota Juan Diego rempli d'émerveillement, « Je ferai tout ce que vous demandez! »

« Monte au sommet de la colline de Tepeyac. Là, tu trouveras des fleurs qui poussent. Cueilles-en autant que tu peux, place-les dans le creux de ta tilma et amène-les moi. »

Juan Diego grimpa la colline de Tepeyac. A son grand ébahissement, il vit des roses pousser dans le sol sec, rocailleux et gelé. Avec révérence, il remplit sa tilma de ces belles fleurs et les apporta à Notre-Dame. Elle arrangea soigneusement les roses dans le creux de sa tilma, puis prit les coins de celle-ci et s'en servit pour l'attacher au cou de Juan Diego.

Notre-Dame regarda Juan Diego avec tendresse et lui dit, « Va maintenant voir l'évêque. Dis-lui que ceci est le signe qu'il a demandé de moi pour répondre à ma requête. Ne laisse personne voir ce que tu portes, mon enfant chéri. N'aie pas peur. Aujourd'hui, l'évêque te croira. »

Juan Diego courut joyeusement au palais de l'évêque. À chaque pas, son cœur devenait de plus en plus confiant. Il répétait inlassablement les paroles de Notre-Dame, « Aujourd'hui, l'évêque te croira. »

Ioxocoyouh ininnepapan xochitl ychuatl intlaneltiliz, in
ezcayotl intic huquiliz in Obifpo, nopampa ticuilhuis
... ... quilita in hotlaneauhiz, ihuá ic quineltiliz. In

Hijo mio el más pequeño, esta diversidad de rosas es la
... y señal que llevarás al O.po Le dirás en mi nombre que vea

out à fait à bout de souffle pour avoir couru, Juan Diego arriva au palais de l'évêque et frappa à la porte avec excitation. L'un des serviteurs apparut et dit rudement, « Encore toi? Pourquoi ennuies-tu constamment l'évêque? Il n'a pas de temps à t'accorder! Dis-moi, qu'as-tu là? »

Les serviteurs attirèrent une attention si menaçante sur le ballot porté par Juan Diego que de nombreuses personnes présentes commencèrent à se poser des questions sur son contenu. Le taquinant les uns après les autres, ils raillèrent, « Qu'as-tu dans ta tilma? » « Pourquoi ne veux-tu pas nous montrer ce que c'est? » « Qu'est-ce que tu caches? » « Laisse-nous jeter un coup d'œil! »

Juan Diego entrouvrit très légèrement sa tilma, puis la referma. Le parfum des fleurs se répandit dans la cour. L'un des serviteurs osa avancer la main dans la tilma pour en découvrir le secret, mais les fleurs se refusèrent à son toucher. Se souvenant de l'avis de Notre-Dame, Juan serra fermement la tilma contre lui et se détourna brusquement.

Soudain, l'évêque Zumárraga apparut et fit signe à Juan Diego d'entrer.

« Votre Excellence, » s'exclama Juan Diego, « Notre-Dame vous apporte un signe de la colline de Tepeyac! »

« Mon fils, qu'as-tu donc dans ta tilma? » demanda l'évêque.

En réponse, Juan Diego relâcha simplement les coins de sa tilma. Une cascade de roses dégringola par terre. L'évêque Zumárraga resta bouche bée comme il contempla des roses de la colline de Tepeyac. Rien n'avait jamais poussé sur ce sol rocailleux.

Parmi les fleurs, l'évêque remarqua des roses castillannes, qui ne poussent qu'en Espagne. Notre-Dame avait entendu sa prière secrète sollicitant son aide et en voilà le signe.

Relevant la tête, les yeux, témoins de l'émerveillement de l'évêque, s'ouvrirent grands. Imprimée sur la tilma de Juan Diego, une image de la Vierge lui apparut, si exquise qu'il en retint son souffle. Il fixa avec ravissement la très belle expression du visage. Elle était entourée de rayons de soleil, la lune à ses pieds. Elle portait autour de la taille un ruban noir, comme le faisaient toutes les femmes aztèques attendant un enfant. Ceci était le signe qu'elle portait Jésus dans son ventre.

« Oh, Sainte Mère de Dieu, » s'exclama l'évêque Zumárraga, « ce signe est bien plus énorme que ce que j'attendais de vous! »

Juan Diego fut rempli d'un amour émerveillé. Il trembla à l'idée
que la Mère de Dieu eût pu le choisir comme son messager.

Un grand silence pénétra la salle. Tous les yeux étaient fixés sur l'image lumineuse apparaissant sur la tilma de Juan Diego. Lentement, chaque personne s'agenouilla avec émerveillement à la vue de l'image glorieuse de la Mère de Dieu.

Étonné par tout cela, Juan Diego baissa les yeux pour voir ce qui attirait leurs regards. Complètement stupéfié, il vit l'image de la Dame de la colline de Tepeyac, exactement comme elle lui était apparue, là, même sur sa tilma!

L'évêque se releva finalement et embrassa Juan Diego, lui disant, « Pardonne-moi de t'avoir douté. J'insiste que tu passes la nuit ici comme mon invité d'honneur. Demain, nous irons ensemble à la colline de Tepeyac. Je veux marquer l'endroit précis où la nouvelle église sera bâtie pour la Mère de Dieu. »

Juan Diego, comblé de joie par tous les glorieux événements de cette journée, accepta gracieusement sa gentille invitation. L'évêque défit avec révérence la tilma de Juan Diego et plaça l'image sacrée dans sa chapelle privée. Là, il la vénérerait jusqu'à ce que la nouvelle église de Notre-Dame soit construite sur la colline de Tepeyac.

Image réelle de Notre-Dame apparaissant sur la tilma de Juan Diego. Cette photo fut prise peu de temps après une attaque à l'explosif sur l'image (dans la vieille basilique en 1921). Un homme avait placé une bombe dans un vase de fleurs et l'a placé sur l'autel en dessous de l'image. L'explosion brisa le verre qui recouvrait l'image, ceci permettait de la voir clairement.

Épilogue

Le lendemain matin, Juan Diego était anxieux de voir son oncle. L'évêque Zumárraga, avec certaines personnes de son entourage, l'accompagna à la colline de Tepeyac. Là, l'évêque marqua l'endroit où Notre-Dame était apparue à Juan Diego, pour y commencer la construction de sa nouvelle église.

Puis ils partirent tous pour la maison de Juan Bernardino. En entrant dans le village, accompagné de l'évêque et de son entourage, Juan Diego se sentit comme un roi.

L'oncle Juan Bernardino fut très joyeux de voir son neveu et l'évêque. Bientôt, une grande foule se rassembla autour d'eux pour les voir et apprendre ce qui était arrivé à Juan Diego.

Lorsque Juan Diego eut terminé la narration de son histoire, Juan Bernardino prit la parole pour raconter sa propre histoire extraordinaire: une fois que son neveu fut parti chercher le prêtre, Juan Bernardino devint si malade au point qu'il lui fut impossible de bouger, ni même de prendre ses médicaments. Sa mort semblait imminente.

Soudainement, sa pièce fut remplie de lumière. Une Belle Dame lui apparut, rayonnante de paix et d'amour. C'est à ce moment précis que Juan Bernardino se sentit tout à fait guéri et il se leva.

La Dame confia à l'oncle Juan Bernardino qu'elle avait envoyé son neveu chez l'évêque, avec son image imprimée sur la tilma de son neveu. Elle ajouta que l'évêque allait venir lui rendre visite le lendemain et qu'il devait dire à l'évêque, « Je suis Notre-Dame de Guadalupe. »

L'évêque Zumárraga en fut époustouflé. Le nom Guadalupe était inconnu au Mexique. C'était le nom de son monastère en Espagne. Dans le jubé se trouvait une sculpture centenaire de Notre-Dame, ressemblant exactement à l'image sur la tilma, sauf qu'elle tient dans ses bras l'Enfant Jésus. Elle est toujours là aujourd'hui.

Les mots « de Guadalupe » ne peuvent se prononcer ni s'écrire dans la langue aztèque, les lettres de son alphabet ne contenant ni « d » ni « g ». Notre-Dame avait parlé à Juan Bernardino dans sa propre langue, le náhuatl, pas en espagnol.

Une explication de ceci est que l'oncle Juan Bernardino dit « Te Coatlaxopeuh » ce qui ressemble phonétiquement à « de Guadalupe. » Ce mot aztèque signifie « Celle qui écrase le serpent. » (Les autochtones avaient adoré un effrayant dieu serpent. Voir la Postface.) L'interprète de l'évêque aurait pu ainsi avoir fait confusion avec les mots espagnols « de Guadalupe. »

Le nom « Guadalupe » signifie « rivière du loup. » Un ancien monastère franciscain en Espagne en l'honneur de Notre-Dame, il avait reçu ce nom en raison des nombreux loups qui rôdaient autrefois dans les environs. Le père Zumárraga avait longtemps prié dans ces lieux avant de partir pour le Mexique. Le monastère est reconnu pour ses merveilleuses roses castillanes.

Fidèle au souhait de Notre-Dame, l'évêque Zumárraga fit construire en son honneur, une belle et grande église. Appelée la Basilique de Notre-Dame de Guadalupe, elle existe toujours aujourd'hui dans la ville de Mexico. Une nouvelle basilique, plus grande et plus magnifique fut construite dans les années 1970 juste à côté de la basilique d'origine. La vieille basilique s'était enfoncée dans le sol, ce qui l'avait fait pencher sérieusement d'un côté. Elle est toujours là.

La miraculeuse image de Notre-Dame de Guadalupe apparue sur la tilma de Juan Diego est exposée aujourd'hui dans la nouvelle basilique. Elle est dans un cadre doré, suspendue à bonne hauteur au-dessus de l'autel principal. Des millions de visiteurs du monde entier viennent chaque année pour vénérer son image miraculeuse.

Durant les presque 500 ans qui se sont écoulés depuis ce miracle, l'image de Notre-Dame est restée sur la tilma de Juan Diego. Elle reste aussi visible aujourd'hui que lorsqu'elle s'y imprima à l'origine en 1531.

Vue aérienne de la ville de Mexico, connue sous le nom de « Le Grand Tenochtitlán »
en 1531, 10 ans après sa conquête.

POSTFACE

Avant sa conquête, le Mexique avait toujours été source de problèmes pour ses habitants, car c'était un pays sujet à des sécheresses des famines des guerres. Pour s'y accommoder, ses féroces guerriers païens pratiquaient des sacrifices humains presque tous les jours pour apaiser leurs dieux.

Les Aztèques ne furent pas les premiers à pratiquer les sacrifices humains au Mexique. Ceux-ci existaient déjà depuis les temps les plus anciens, chez au moins 200 civilisations méso-américaines telles que les Mayas, Olmecs, Toltecs et Teotihuacs. Ces cultures avaient en commun certains dieux, un même calendrier et la même façon de consigner les événements au moyen de ce qu'elles appelaient un Codex. Ceci consistait en une série d'images peintes sur un papier en coton, qui racontaient une histoire.

Chacun des 18 mois de 20 jours, qui formaient une année, avait ses propres cérémonies et sacrifices. Les cœurs étaient arrachés de leurs hommes les plus braves et offerts à leur dieu, Huitzilopochtli, le maître en chef. A Tenochtitlán (Ville de Mexico) les têtes des victimes étaient suspendues à une tour à crânes, sur la place centrale. Les victimes étaient percées d'une multitude de flèches de sorte que leur sang puisse fertiliser la terre. Les enfants étaient sacrifiés au dieu de la pluie, Tlaloc. D'autres étaient brûlés vifs pour célébrer les moissons d'août.

En cas de danger de guerre ou si l'on avait peur que les récoltes ne soient pas abondantes, des milliers de leurs meilleurs guerriers étaient enchaînés les uns aux autres et amenés au sommet des pyramides.

Là, quatre autels de sacrifice les attendaient. Les cœurs de ces braves étaient arrachés de leur poitrine alors qu'ils étaient encore vivants et jetés dans une grande cuvette pour les brûler en offrande aux dieux. Ceci se reproduisait année après année.

L'Empereur Montezuma II monta sur le trône en 1503. Lorsque le capitaine Hernando Cortéz et ses soldats arrivèrent d'Espagne en novembre 1519, ils furent étonnés par la civilisation avancée de l'empire aztèque. Lors de leur première rencontre avec l'Empereur Montezuma, celui-ci leur donna, pour y loger leurs troupes, un immense palais avec d'énormes cours appartenant à son père. Il leur montra sa ville avec ses temples et marchés, qui dépassaient en taille tout ce que les Espagnols avaient vu en Europe. Au bout d'une semaine de cette hospitalité somptueuse manifestée par l'Empereur, Cortéz le fit arrêter et mettre en prison.

Cortéz et ses soldats traitèrent Montezuma avec le plus grand respect. Il lui fut permis de conserver son entourage et ses serviteurs au complet pour mener à bien la conduite des affaires d'État. L'Empereur fut toutefois requis de jurer allégeance au Roi d'Espagne.

Étant donné que Montezuma avait peur que Hernando Cortéz ne soit une incarnation du dieu Quetzalcoatl, il ne fit preuve d'aucune résistance. L'année suivante, il fut tué dans la ville de Mexico durant une rébellion des Aztèques contre le capitaine Cortéz.

À la suite de la conquête du Mexique, les soldats commencèrent à persécuter et à maltraiter les Aztèques. Lorsque la nouvelle parvint aux oreilles du Roi Charles Quint en Espagne, il envoya à la ville de Mexico son confesseur de confiance, le frère Juan de Zumárraga. Le roi fut tellement impressionné par la sainteté de ce franciscain qu'il en fit le premier évêque du Mexique. L'évêque Zumárraga devait rapporter directement au roi tout ce qui se passait entre les soldats et les Aztèques.

Les Espagnols étaient horrifiés par les sacrifices humains que les Aztèques effectuaient pratiquement quotidiennement. L'évêque Zumárraga priait Notre-Dame avec ferveur pour qu'elle lui envoie un signe confirmant qu'elle avait entendu son appel à l'aide pour remédier à cette terrible situation. Notre-Dame vint généreusement à l'aide de son très cher ami, l'évêque du Mexique.

Le mot « Mexico » vient des mots náhuatl: Metztli = lune; xictli = nombril, centre; -co = emplacement. Le Mexique signifie ainsi: « endroit au nombril ou centre de la lune. » En contemplant l'image sur la tilma de cette belle jeune femme (mélange parfait d'Aztèque et d'Espagnol), couverte d'un manteau d'étoiles, enveloppée par la brillance du soleil, et se tenant debout au centre de la lune, avec ses mains jointes dans une prière d'amour, les indigènes y voyaient comme une icône codice. Avec émerveillement et ravissement, ils interprétèrent parfaitement le message de foi, d'espoir et d'amour que la Sainte Marie voulait leur transmettre.

Dans l'année qui suivit l'apparition de Notre-Dame, 100 000 autochtones furent baptisés. Il n'y avait guère assez de prêtres pour faire tous ces baptêmes. De longues queues se formant partout, les gens recherchaient une nouvelle vie de grâce pour leurs âmes. Ils reconnaissaient Notre-Dame comme leur Mère et Jésus comme leur Sauveur et leur Frère.

Comme de longues queues d'autrefois aboutissaient à la mort et à la destruction, ces longues queues visaient maintenant à sauver des vies. C'est la nouvelle vie intérieure de l'amour de Dieu. Chaque année qui suivit, de plus en plus d'Aztèques se convertirent à la nouvelle foi en se faisant baptiser, non de force, mais par amour.

Ayant maintenant la pleine confiance en Dieu, ces nouveaux Chrétiens transformèrent leurs cœurs en autels d'amour. Ils étaient maintenant certains que la Volonté de Dieu n'est point assoiffée de la mort sanguinaire des victimes mais de la vie confiante des fidèles. Cette nouvelle façon de vivre les remplit de joie et leur donna la vie abondante promise par Jésus à ceux qui Le suivent.

REMARQUE PARTICULIERE: La tilma mexicaine, telle que celle portée par Juan Diego, est un simple vêtement externe, comme une cape ou un poncho. Elle est principalement utilisée pour se protéger de l'humidité et du froid, fréquents le matin et le soir.

La tilma est faite en « maguey, » une plante qui pousse au Mexique et dans le sud-ouest des Etats-Unis. Les feuilles de cette plante étant très charnues, les Indiens avaient l'habitude de les sécher selon un procédé spécial. Lorsque elles étaient sèches, les feuilles formaient un tissu épais, propre à faire des tilmas et d'autres vêtements.

Les habits faits en maguey ne durent pas plus de vingt ans. Un autre aspect miraculeux de l'image de Notre-Dame sur la tilma de Juan Diego est, qu'après presque 500 ans, la tilma ne s'est pas désintegrée et ne montre aucun signe d'usure ou d'âge.

Juan Diego fut canonisé par notre Saint Père, le Pape Jean-Paul II, le 31 juillet 2002, lors de sa visite à la ville de Mexico.

Ce livre est dédié aux enfants du monde entier,
spécialement à ceux qui n'ont jamais connu
l'amour maternel.

Prière à Notre-Dame de Guadalupe

Précieuse Fleur de Tepeyac, Mère des Amériques, vous avez choisi dans votre peuple une personne de notre pays, un homme des plus dignes et des plus humbles, pour communiquer votre parole et porter votre empreinte. Splendide Mère, apprenez-moi comment je peux mériter votre clémence. Donnez-moi l'humilité et la foi de mon frère Juan Diego, de sorte que j'entende l'appel de votre douce voix.

Avec courage, mon humble frère Juan Diego s'est approché de l'évêque. Donnez-moi, ma très belle Dame, le courage de Juan Diego lorsqu'il est entré dans le palais de l'évêque, malgré le dédain de ses serviteurs.

Marie, ma Mère, faites de moi le messager de votre amour et de votre bonté, de sorte que par mes mots, vos enfants puissent reconnaître votre compassion. Donnez-moi le don de bien parler, de sorte que je puisse bien faire répandre la paix offerte par votre Fils Jésus.

Femme du Soleil, revêtue des rayons brillants des Cieux, vous avez accordé à Juan Diego la confiance nécessaire à l'exécution de sa mission: construire pour vous un endroit où nous pourrons nous rendre pour recevoir vos bénédictions. Révélez-moi ma mission sur terre et donnez-moi le courage de la poursuivre avec ferveur de manière à rapprocher encore davantage notre monde du royaume des Cieux.

Rose de Guadalupe, intercède en faveur de l'Église et protège le Saint Père. Comme vous avez dit oui à Dieu et avez porté en vous le Sauveur, assistez-moi dans ma foi pour que je puisse également dire oui à la mission que Dieu m'a confiée. Soyez ma lumière durant mes heures sombres et mon guide dans le dédale des choix qui me sont offerts. Prenez-moi par la main et dirigez-moi dans la bonne direction. Montrez-moi la même clémence qu'à mon frère Juan Diego, afin que je puisse sentir constamment votre amour dans mes moments d'angoisse et connaître votre paix durant mes moments d'inquiétude.

Notre-Dame de Guadalupe, Grande Artiste, vous avez généreusement légué à mon frère Juan Diego une oeuvre vraiment merveilleuse, une oeuvre qui affirme pour toujours que vous êtes la Sainte Vierge Marie, Mère du Vrai Dieu. Votre image sacrée sera perpétuellement imprimée sur la tilma de mon frère et dans le cœur de tous vos enfants, jusqu'à ce que nous nous rencontrions finalement dans le royaume de Dieu où vous vivez pour l'éternité. Amen.

BIBLIOGRAPHIE

Brandon, William, « The American Heritage Book of Indians, » Dell Publishing Co., Inc., New York, 1984, 12e éd.

Elizondo, Virgil, « Guadalupe*Mother of the New Creation, » Orbis Books, 1997, 4e éd.

The Franciscan Friars of the Immaculate, « A Handbook of Guadalupe, » Park Publications, Inc., Waite, Minn., 1997.

Johnston, Francis, « The Wonder of Guadalupe, » TAN Books and Publishers, Inc., Rockford, Ill., 1981.

Sr. M.F. LeBlanc, O.C., « Cause of Our Joy,» Pauline Books & Media, Boston, Mass., 1997.

Pauline Books & Media, « Once on a Barren Hill, » Video by Pauline Books & Media, Boston, Mass., 1985.

Printed in the United States
By Bookmasters